8° R
20927

La Conquête du Peuple

SOCIÉTÉ St-AUGUSTIN, DESCLÉE, DE BROUWER ET Cie
LILLE - PARIS - LYON

TOUS DROITS RÉSERVÉS

La Conquête

BIBLIOTHÈQUE NATIONALE
R.F.
IMPRIMÉS

DU

Peuple

SOCIÉTÉ St-AUGUSTIN, DESCLÉE, DE BROUWER ET Cie
LILLE - PARIS - LYON

TOUS DROITS RÉSERVÉS

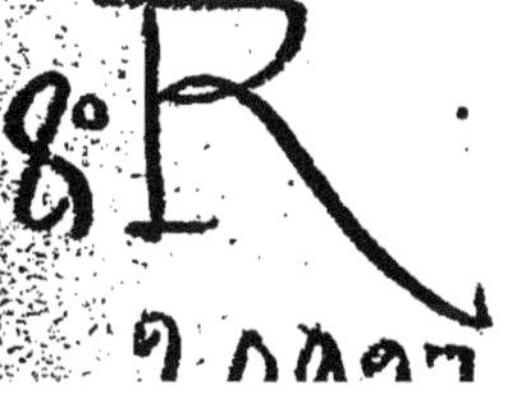

A Monsieur JACQUES PIOU

FONDATEUR ET PRÉSIDENT

DE

L'ACTION LIBÉRALE POPULAIRE

BIBLIOTHÈQUE NATIONALE R.F.

MONSIEUR,

Veuillez accepter l'hommage de cette brochure, inspirée par vos conseils et vos exemples. Dans la lutte toute chrétienne et française que vous soutenez pour la défense de nos libertés, vous êtes toujours sur la brèche, et votre dévouement à la classe laborieuse, à celle qui travaille et souffre, est inspiré par un amour vrai et désintéressé.

Vous allez au peuple de France avec votre cœur, et lorsque les préjugés et les haines sociales vous laissent prendre contact avec lui, il vous comprend et il sent la loyauté de votre étreinte. Votre succès aux dernières élections en est une preuve manifeste. Et si parfois, hélas! vous trouvez entre lui et vous des barrières infranchissables, elles vous attristent sans vous décourager, car vous êtes de ces vaillants que les obstacles électrisent, de ces persévérants auxquels rien ne résiste.

Dans la croisade populaire et pacifique à

laquelle vous donnez votre vie, vous conviez les femmes françaises; n'ont-elles pas toujours leur place marquée dans les grandes et saintes entreprises? Vous leur avez dit: Allez au peuple, n'attendez pas qu'il vienne à vous. C'est votre mission de préparer l'ère de la réconciliation; hâtez-vous; agissez avant que la tempête révolutionnaire n'éclate; déjà elle gronde, et tous les jours elle semble plus menaçante.

Monsieur le Président, c'est pour répondre à votre appel que l'auteur de ces pages a essayé d'étudier les moyens pratiques pour atteindre l'âme populaire et conquérir l'amour du peuple, et qu'elle ose convier les femmes du monde à ce labeur difficile, il est vrai, mais plus nécessaire que jamais.

Sa voix bien faible n'est qu'un écho de la vôtre: puisse-t-elle être entendue pour le bonheur de notre chère France, que les haines fratricides amoindrissent et que l'union de tous ses enfants rendrait forte et invincible; puisse-t-elle être comprise pour la gloire de Dieu, qui est amour et qui a fait de la charité fraternelle la marque distinctive de ses disciples, en leur donnant le commandement nouveau, que vous avez tant de fois rappelé vous-même dans vos grandes conférences populaires:

« Aimez-vous les uns les autres. »

LETTRE
DE MONSIEUR JACQUES PIOU A L'AUTEUR

Paris le 11 juillet 1906.

MADAME,

Je vous remercie vivement de la flatteuse pensée qui a inspiré la lettre de dédicace que je viens de recevoir.

Vous me faites un grand honneur dont je suis touché! J'y suis d'autant plus sensible que les pages, sorties de votre plume, sont empreintes de cet esprit chrétien d'où seul peut venir le salut de notre société malade.

La crise sociale dont vous cherchez à conjurer la menaçante explosion s'aggrave sourdement tous les jours. Elle peut très vite arriver à l'état aigu.

Combien vous avez raison de dire que toutes les préventions, toutes les haines dont elle est faite ne peuvent être apaisées qu'à force de justice et de bonté!

Le rôle de la femme est grand dans cette œuvre de réconciliation et de concorde. Vous le tracez avec une émotion pénétrante qui montre à quel point vous l'avez compris.

C'est une mission de douceur, de dévouement tendre, que la Providence lui a confié dans la société comme dans la famille : elle lui a donné pour la remplir des dons souverains.

Un des symptômes consolants, en ce temps si triste, c'est le sentiment très vif que prennent les femmes, de la grandeur de leur rôle social. Elles vont au peuple de plus en plus ; et elles y vont avec une sincérité et une clairvoyance, qui sont les gages de succès.

Puissiez-vous, Madame, les convaincre que leurs efforts ne seront pas stériles, malgré les déceptions qu'elles trouvent sur leur route ! L'œuvre est difficile, elle sera longue, mais sûrement victorieuse, si aucun découragement n'en arrête la marche.

Les pages que vous venez d'écrire fortifieront leur courage. Combien elles seraient plus convaincantes encore, si celles qui les liront savaient quelle autorité elles empruntent aux exemples que vous donnez !

Veuillez agréer, Madame, l'hommage de mon profond respect.

Jacques PIOU.

ALLONS AU PEUPLE

L'année dernière, on jouait à Paris un drame qui passionnait l'opinion, parce qu'il rendait vivante une des scènes les plus émouvantes de la Révolution française: *Varennes,* la fuite de Louis XVI effrayé trop tard de l'abîme ouvert sous ses pieds, son arrestation chez l'épicier Sauge et son retour à Paris. Premières tortures de l'agonie de la royauté.

Quelle que soit l'opinion politique qu'on professe, ce drame émeut. Peut-être le volcan révolutionnaire qu'on y entend gronder, a-t-il quelque analogie avec celui qui ébranle notre société et le passé illumine-t-il l'avenir! La figure de Marie-Antoinette est attachante comme femme, comme mère, même pour ceux qui n'ont pas le respect et la vénération de notre vieille monarchie.

Une scène de ce drame nous a particulièrement frappée : c'est celle où Barnave, un enfant du peuple arrivé au sommet des honneurs, désigné pour protéger le retour de la famille royale à Paris, se trouve seul avec la reine. Sa beauté, ses malheurs l'ont attendri, il voudrait la sauver ; hélas ! c'est trop tard ; il se permet, avec tout le respect dû à la Majesté déchue, d'être sincère, et il pousse ce cri : « Si vous l'aviez voulu, Madame, vous auriez conquis l'amour du peuple ; vous aviez tout pour cela, beauté, bonté, grâces irrésistibles ; vous ne l'avez pas voulu, vous avez réservé vos charmes pour des courtisans, pour des étrangers, qui ne peuvent plus rien pour vous, et ce peuple de France que si facilement vous auriez eu à vos pieds dans des transports d'amour, il vous hait et vous serez victime de sa fureur. » Barnave avait-il raison ? Sa lugubre prophétie s'est accomplie avec plus de cruauté qu'il ne pouvait le prévoir, et l'enfant que la pauvre mère mettait à la portière de sa berline pour envoyer des baisers au peuple et servir de sauvegarde à sa famille, n'a pas même été épargné par la férocité révolutionnaire.

Marie-Antoinette aurait-elle pu écarter la tempête qui a ensanglanté le trône? Problème. Bien des fautes avant son règne avaient attiré la foudre sur une société énervée par le plaisir; en tous cas, son martyre a auréolé son front d'une pure majesté, et nous la vénérons comme une victime expiatoire; mais la leçon de Barnave n'en est pas moins vraie et nous devons la recueillir: elle ne s'adresse pas seulement à Marie-Antoinette, mais à toutes les femmes qui possèdent les avantages brillants, faisant d'elles les reines de la société.

Savent-elles conquérir l'amour du peuple? y pensent-elles même?

Elles prodiguent leur or pour se procurer des jouissances éphémères, leur temps et leurs forces pour briller dans le monde. Elles se parent de leurs charmes pour plaire à des adulateurs d'un jour, tristes protecteurs à l'heure du danger. Elles négligent de se faire aimer par ce peuple que Jésus-Christ leur a montré comme un frère, et que la prudence, même la plus humaine, devrait leur faire craindre comme un redoutable justicier.

Sommes-nous au temps de la jouissance calme sans terreur du lendemain ? Est-ce l'heure du plaisir, des fêtes, de la large vie de château ? Pour les chrétiens, l'existence n'est jamais une fête, c'est toujours l'accomplissement du devoir; mais à notre époque, même au point de vue humain, il faudrait être fou pour s'endormir dans une fausse sécurité et bien sourds sont ceux qui n'entendent pas les sinistres présages de la tempête qui secoue la société.

Aussi, de tous côtés, les nobles cœurs sonnent le réveil. Le peuple monte, ce sera la grande puissance de demain. Léon XIII, dans son encyclique *Rerum novarum*, a rappelé des vérités trop oubliées sur les droits des ouvriers, et plusieurs fois pendant son glorieux pontificat, il a ouvert toutes larges les portes de son palais aux représentants du peuple, voulant baptiser de sa tendresse la démocratie naissante pour l'élever jusqu'à Dieu. De toutes parts, on se demande avec inquiétude quel sera le rôle de cet enfant qui grandit plein de force et qui est déjà menaçant, portant au cœur des haines de race et des ambitions inassouvies. L'Eglise l'appelle et veut le diriger vers le bien; mais une autre voix rugit terriblement et cherche à l'entraîner au mal; lutte terrible de l'issue de laquelle dépend l'avenir de l'humanité.

Les champions de l'Eglise sont nombreux et vaillants. Au lendemain de la guerre de 1870, un jeune officier, le Comte de Mun, appelait les classes riches à devenir les classes dirigeantes et cherchait à unir la jeunesse française sous le labarum de la Croix; depuis, il a consacré sa vie à l'amélioration du sort des ouvriers.

Des chefs d'industrie, comme M. Harmel, ont opéré des merveilles pour l'union des industriels et des travailleurs. De toutes parts, on crée des syndicats, et la question sociale est devenue la question actuelle [1].

Dans ce grand mouvement populaire, resterons-nous indifférentes et inutiles, nous, femmes françaises ? Ce serait nous faire injure que de le penser. Nous sommes une puissance humble, cachée, mais réelle, et on peut le dire sans témérité, nécessaire au succès ; déjà, de nobles femmes se sont levées et ont tendu la main au peuple [2] ; des ligues patriotiques se sont formées ; Lyon, la ville des œuvres, a eu la glorieuse prérogative de la première initiative ; Paris a entendu des voix éloquentes et elles ont eu leur écho dans la France entière ; de toutes parts on se réveille, on travaille à l'union

---

1. Il n'est pas de cause qui saisisse en ce moment l'esprit humain avec tant de véhémence (Léon XIII, encyclique *Rerum novarum*.)

2. Sous toutes les formes que leurs cœurs peuvent imaginer, les femmes de bien s'en vont partout, cherchant à résoudre ce grand problème, cette difficile question : rapprocher des gens qui s'ignorent et semer l'amour où tant d'autres voudraient semer la haine. (M. Toussaint, congrès de l'*Action Libérale*, 1905.)

des classes sociales. Pour que ce généreux effort atteigne son but et obtienne un résultat, il faut qu'il se généralise et que son esprit pénètre l'opinion. Les ligues, les syndicats, les mutualités, les œuvres sociales ne sont pas à la portée de toutes les femmes; elles restent le privilège du petit nombre. La croisade à laquelle nous convions les Françaises, croisade pacifique, nécessitée par les circonstances, qui a pour but la conquête du peuple, est accessible à toutes les femmes de cœur, qui sont légion. Elle ne demande ni déplacement, ni temps, ni argent; mais une orientation plus élevée de la vie; elle met au cœur une sainte ambition qui agrandit l'horizon de nos rêves, redouble nos énergies; elle allume dans l'âme la flamme de la charité qui réchauffe et vivifie tous nos actes et leur donne la fécondité de l'apostolat. Elle comprend toutes les œuvres qui, en l'union avec l'Eglise, travaillent au bien matériel et spirituel du peuple; mais elle ne se contente pas de l'action extérieure et visible, elle est l'œuvre de toute la vie. Notre croisade s'exerce au foyer domestique par la douce influence de l'épouse qui incline son mari à l'indulgence, lui dévoile les devoirs de sa position sociale et l'encourage à les accomplir; elle agit par la mère qui imprègne de justice et de charité l'âme de ses enfants; elle a une action par la maîtresse de maison qui fait régner dans son intérieur l'esprit chrétien; elle rayonne dans la société dont les femmes font l'atmosphère; elle va au peuple comme un messager de paix et conquiert son cœur.

OBSTACLES A VAINCRE

Nous le savons, cette conquête est difficile; qui dit conquête, indique une action demandant de l'énergie, de la persévérance, et aboutissant à la possession d'un bien. Il n'y a pas de conquête sans luttes, sans efforts et, pour être dans la vérité, nous devons dire sans sacrifices, sans douleurs. La conquête du peuple ne peut échapper à cette loi générale. Nous nous trouvons vis-à-vis d'une majorité écrasante, il est évident que la classe dirigeante qui jouit de la richesse est une minorité infime; nous sommes en face de la force, car le peuple a pour lui l'avenir et déjà on peut le nommer le peuple souverain. Nous avons à traiter avec une multitude qui souffre et qui est aigrie par la souffrance, d'une foule qui peine et qui nous envie, si elle ne nous hait pas; nous sommes, à ses yeux, responsables, quoique souvent innocentes, des fautes de ceux qui nous ont précédé; nous représentons l'ancien régime qu'on lui a montré comme une tyrannie.

Le peuple, naturellement bon, a porté pendant des siècles avec patience le joug de la servitude; n'en a-t-on pas abusé? Il a des rancœurs qui le rendent parfois injuste.

Il faut à ceux qui souffrent ici-bas, pour ne pas se révolter, pour ne pas haïr ceux qui jouissent de la fortune, une loi divine et des espérances éternelles. Tous les jours, on ôte au peuple de France, la foi qui faisait sa grandeur morale et qui lui inspirait la résignation; on lui cache le ciel et on attise ses haines sociales. L'éducation obligatoire qu'on donne à ses enfants développe en eux la soif du bien-être, le désir de parvenir à la fortune, sans leur enseigner les lois divines et humaines, digues nécessaires pour rester honnêtes et bons. On lui répète sans cesse: « Ni Dieu, ni maître! » L'histoire lui dénature son passé; la franc-maçonnerie le séduit par des promesses mensongères et, une fois son adepte, elle l'enserre dans un esclavage terrible.

En parlant du peuple, il nous vient aux lèvres la parole de Jeanne d'Arc: « Il y a grande pitié au royaume de France ». Il est la grande victime: on le flatte et on le tyrannise; c'est contre lui que les lois les plus meurtrières ont été votées: on lui a retiré ses amis, les Frères et les Sœurs; il n'est plus libre de faire élever ses enfants selon sa foi, et lorsque, brisé par le travail, il succombe, on lui refuse à l'hôpital, cet asile de la douleur, la main compatissante qui allégeait sa souffrance et le cœur qui comprenait son cœur.

On éloigne de lui le prêtre qui ouvrait à son âme les trésors de la miséricorde, et bientôt, on va, en brisant le Concordat, attenter à sa vie religieuse; peut-être fermer l'église où il était chez lui au même titre que le riche, où il avait ac-

compagné ses enfants aux fonts baptismaux, où il avait pleuré ses morts.

C'est à ce peuple malheureux, trompé, imbu d'idées révolutionnaires, travaillé par la franc-maçonnerie, que nous vous invitons à aller la main tendue, le cœur plein d'amour; c'est à sa conquête que nous vous convions, sans illusion des difficultés qui nous attendent, des désillusions qui découragent, des ingratitudes qui blessent.

C'est une tâche difficile, comme le dit dans le drame de Varennes la reine Marie-Antoinette. Barnave lui répond: « Votre Majesté s'est rebutée trop tôt; on n'apprivoise pas les lions du premier coup. » Nous avons à détruire des préjugés, quelquefois bien redoutables, avant d'établir une alliance; c'est à nous de faire les premiers pas.

Si la conquête du peuple est difficile, laborieuse, pourquoi l'entreprendre, dira-t-on; restons chacun chez nous, laissons l'ouvrier à son travail et continuons notre vie facile, nous verrons plus tard. D'ailleurs, vous êtes pessimiste et vous nous effrayez à tort; une révolution sanglante est impossible dans notre pays; nous avons pour nous protéger l'armée, la police; on a toujours eu raison des grévistes; les socialistes ne sont pas si redoutables qu'on veut bien le dire; enfin, si le danger, auquel nous ne croyons pas, devenait menaçant, nous irions demander à l'étranger la paix que nous n'aurions plus en France.

Lorsqu'il y a quatre ans, à Saint-Pierre de Miquelon, les premiers nuages de fumée s'échappèrent du volcan de la montagne Pelée, on s'effraya de ce phénomène, puis on s'y habitua; les autorités mirent tout en œuvre pour endormir les craintes; la vie ordinaire, avec ses affaires et ses plaisirs, reprit son cours au lugubre accompagnement du tonnerre mystérieux et profond, et Saint-Pierre s'engloutit au milieu d'une sécurité relative.

En France, nous avons pour nous protéger contre la révolution l'armée et la police; mais a-t-on déjà oublié la Commune de Paris qui ne date pas d'un demi-siècle? Elle a projeté une terrible lumière sur la sauvagerie moderne; la lueur sinistre de nos monuments, enduits de pétrole par des femmes elles-mêmes, n'a-t-elle pas été comme l'éclair qui déchire la nue et illumine le ciel chargé de nuages? Les grèves qui éclatent sur tous les points de la France, toujours plus nombreuses et plus audacieuses, montrant l'antagonisme qui existe entre le propriétaire et l'ouvrier, ne sont-elles pas des avertissements, des escarmouches, de la bataille qui se livrera demain? Les dernières élections ont prouvé les progrès effrayants du socialisme. L'armée, rempart de l'ordre, est attaquée de toutes parts: la campagne antimilitariste est effrayante.

La frontière n'est pas loin! Ose-t-on le dire sans rougir? Après la lâcheté devant le devoir social, la fuite honteuse à l'étranger!

Puis, — nouvelle excuse à l'apathie — à quoi bon tout le labeur auquel vous nous conviez, le peuple est ingrat, il répondra à nos bienfaits par de la haine et on citera des exemples à l'appui de cette thèse! Les litanies de l'ingratitude du peuple sont bien connues; mais leur froide psalmodie ne peut couvrir la voix du tonnerre des revendications populaires.

Que gagnerez-vous à conquérir le peuple? nous diront encore les porte-voix de l'égoïsme jouisseur. — Notre but est plus noble que l'intérêt personnel, malgré les droits légitimes de cet intérêt. — Espérez-vous qu'il vous épargnera au jour de sa colère? — Notre seule ambition est d'être des messagères de paix, des apôtres de l'Evangile le vrai code de la fraternité.

M. Piou a spirituellement nommé les trois congrégations qu'on n'expulsera pas de France: *les bâtons dans les roues, les bras croisés, les saules pleureurs.* Nous n'appartiendrons à aucune; chrétiennes et françaises, nous voulons nous unir pour l'action et le dévouement. Nous reconnaissons les difficultés que nous rencontrerons dans la conquête du peuple; mais, sa nécessité s'impose et nous sommes prêtes à l'entreprendre.

Il nous revient souvent à la mémoire, devant les devoirs austères, au succès incertain, ces vers de Victor de Laprade aux jeunes :

> N'ayez pas le succès pour idéal suprême,
> Levez plus haut votre âme et regardez ailleurs,
> La vertu difficile est le but de la vie.

ON A SOUVENT BESOIN D'UN PLUS PETIT QUE SOI

Nous ne voudrions pas amoindrir, abaisser notre croisade par des idées d'intérêt, cependant La Fontaine fut un sage en écrivant: « On a souvent besoin d'un plus petit que soi », et en le prouvant par ses fables.

Il n'est pas de puissants, si haut placés soient-ils, de riches, de forts, d'heureux, qui puissent sans témérité affirmer qu'ils n'ont pas besoin du peuple. Le peuple est le rouage nécessaire à leur existence; il tient leur vie entre ses mains, est-il besoin de le démontrer? Il y aurait dans le tableau de notre dépendance bien des vérités à mettre en lumière: peut-être éclaireraient-elles d'un jour nouveau et effrayant les heureux de la vie. Ils se croient libres : erreur ! Leurs richesses, leur luxe, leurs plaisirs, sont autant de chaînes qui leur ôtent l'indépendance et les font dépendre du peuple. Imaginez pour un instant que les riches restent seuls sur la terre, avec leurs somptueuses demeures et leurs coffres-forts remplis d'or, comment suffiraient-ils à leur nourriture et aux premières exigences de la vie ? à quoi leur serviraient leurs terres qu'ils ne pourraient pas cultiver, leur argent qu'ils ne pourraient échanger ? Ils connaîtraient alors la misère au sein de l'opulence. Le pauvre a besoin du riche, la fable des membres et de l'estomac sera toujours vraie ; mais habitué au travail il saurait tirer de la terre les principes de sa vie, et on peut affirmer avec vérité qu'il nous donne plus que nous ne lui donnons et que ses bras, son travail, nous sont d'une nécessité absolue.

Que les jouisseurs traitant de si haut ceux qui les servent méditent parfois ces vérités, qu'ils secouent leur mollesse et cherchent à s'affranchir par le travail personnel avant de se poser en autocrates.

Si nous voulions esquisser d'une manière complète le tableau de notre dépendance à l'égard du peuple, il nous faudrait montrer à grands traits qu'il est l'artisan de tous les biens dont nous jouissons. Nous lui devons tous les travaux publics, constructions, chemins frayés au milieu de mille obstacles, fonctionnement des services publics du jour et de la nuit; ce n'est qu'au prix de ses sueurs que les pionniers de la science opèrent leurs conquêtes et que la société se meut et vit. La récente catastrophe des mines de Courrières nous a douloureusement montré ce que coûte parfois de larmes et de sang le charbon qui nous réchauffe et actionne l'industrie.

S'il est vrai que le peuple nous est nécessaire et que sans son travail tout manquerait autour de nous, il est une vérité plus terrible et que nous ne pouvons pas nier: notre vie est entre ses mains. Mgr Mermillod, dans une de ses conférences, a fait passer un frisson dans son auditoire, en racontant aux femmes de la société son entretien avec un chauffeur d'un train de luxe. Cet homme avait avoué au Cardinal que parfois, dans les nuits d'hiver, lorsqu'il tenait entre ses mains la vie d'une centaine de jouisseurs qui allaient, mollement étendus dans les "slecklins cars", chercher le plaisir au pays du soleil, il était mordu au cœur par la souffrance physique et le démon de l'envie, et il avait des tentations folles de faire sauter son train et de chercher dans la mort l'égalité que la vie lui refusait. Si le peuple ne croit plus à Dieu, quelles seront nos garanties de sécurité? La religion est le seul rempart qui nous protège: inconsciemment nous le laissons détruire; ne nous étonnons donc pas des rumeurs anarchistes; elles s'élèveront toujours plus menaçantes dans la mesure où baisseront les croyances divines.

Nous tremblons, lorsque nous sommes témoin des hauteurs méprisantes des heureux du monde; les paroles dures, les gestes violents, les exigences injustes, nous semblent autant de tisons ardents jetés dans le brasier des haines sociales, à un moment où il tend à devenir volcan. Les orgueilleux altiers, ne sont-ils pas des fous dangereux? Ils sèment la haine, ils en deviendront les victimes et ils attireront la foudre sur des innocents que le peuple ne saura pas distinguer au jour de sa colère. Les riches font l'aumône, dira-t-on, c'est vrai, en général; mais l'aumône, lorsqu'elle est altière, humilie le pauvre; la pièce d'or jetée avec dédain brûle la main qui la reçoit; la charité seule gagne les cœurs. La conquête du peuple ne se fera pas à prix d'argent.

Si le peuple nous est nécessaire, s'il est redoutable, ne serait-il pas bon de l'avoir comme allié, et non comme ennemi, dans le combat de la vie? Nous y recevons assez de blessures inévitables et sanglantes, sans nous exposer à rencontrer à chaque pas la défiance, l'envie ou la haine[1].

---

1. L'erreur capitale dans la question présente, c'est de croire que les deux classes sont ennemies-nées l'une de l'autre, comme si la nature avait armé les riches et les

Bien à plaindre sont les châtelains dont les somptueuses demeures ne sont pas protégées par l'amour du peuple. C'est un rempart plus puissant que les fossés, les mâchicoulis, les créneaux des châteaux forts. Bien insensés les dépositaires de la fortune qui ne s'en servent pas pour se faire des amis parmi le peuple qui les entoure! Bien sombre l'avenir des chefs d'usine qui ne sont pas estimés et aimés de leurs ouvriers! Bien triste la vie du riche, à quelque degré qu'il soit de l'échelle sociale, s'il ne compte, pour protéger sa fortune et son existence, que

---

pauvres pour qu'ils se combattent mutuellement dans un duel obstiné. C'est là une aberration telle qu'il faut placer la vérité dans une doctrine absolument opposée; car de même que dans le corps humain, le membres malgré leur diversité s'adaptent merveilleusement l'un à l'autre, de façon à former un tout exactement proportionné et qu'on pourrait appeler symétrique, ainsi dans la société les deux classes sont destinées par la nature à s'unir harmonieusement dans un parfait équilibre. Elles ont un impérieux besoin l'une de l'autre. Il ne peut y avoir de capital sans travail; ni de travail sans capital. La concorde engendre l'ordre et la beauté, au contraire d'un conflit perpétuel il ne peut résulter que la confusion des luttes sauvages.

(Léon XIII, *Rerum novarum.*)

sur la solidité de ses coffres-forts et la précision de ses revolvers! C'est vivre comme un paria au milieu d'un désert peuplé de fauves.

Le peuple ne nous connaît pas et nous l'ignorons; de là, la défiance, l'antagonisme entre les classes; il faut se connaître pour s'aimer [1].

Nous ne voulons, ni instruire le procès des riches, ni nous faire l'avocat du peuple; mais la justice nous oblige à constater un fait: il y a du dévouement dans l'âme populaire: nous en avons tous fait l'expérience personnelle à un moment ou à un autre. En face d'un danger menaçant et imprévu, quel est le sauveur inconnu qui se présente? Le plus souvent, un enfant du peuple. Il n'est pas besoin de lire les

---

1. Par un admirable échange en servant le peuple vous apprenez à l'aimer davantage. Vous avez connu dans les luttes civiles que c'est là, dans le cœur des petits et des humbles, que jaillit la source inépuisable des sacrifices généreux et des inlassables dévouements. C'est là qu'est notre force, c'est là qu'est pour demain la suprême espérance, vers laquelle aujourd'hui avec le dernier écho de ma voix, je veux jeter le dernier cri de mon âme.

(Cte de Mun, Congrès de l'*Action libérale*, 1905.)

annales du prix Montyon, vrai livre d'honneur des petits et des humbles, pour le savoir. Un cheval emporté est-il un danger public? c'est ordinairement un ouvrier qui se lance à sa poursuite; un noyé est-il signalé? c'est un dévoué travailleur qui se jette dans les flots au péril de sa vie; un incendie éclate-t-il? Au lugubre appel du clairon à la ville, au son du tocsin à la campagne, le brave pompier ou le paysan courageux court au lieu du sinistre et le combat au risque d'en être victime.

Nous trouvons ce dévouement naturel, et lorsqu'il s'adresse à nous, il semble qu'il nous est dû; cependant il est d'autant plus admirable que, par son éducation, le peuple n'a pas été, comme nous, nourri de nobles sentiments, qui doivent élever toute vie au-dessus de l'égoïsme et aider aux ascensions du sacrifice. Dans la vie ordinaire, le peuple est charitable; connaissant la misère, il compatit à celle d'autrui; souvent il aide plus pauvre que lui et il nous donne de beaux exemples de charité fraternelle.

Le peuple, lorsqu'il n'a pas été gangréné, comprend les grands sentiments de foi et d'abnégation religieuse; c'est de son sein que sont sorties les phalanges les plus nombreuses de prêtres, de frères, de missionnaires, de sœurs de tout ordre qui ont évangélisé le monde et pratiqué le dévouement sous toutes ses formes.

Est-il besoin de rappeler, que la grande œuvre de la propagation de la foi a été fondée à Lyon par des pauvres ouvrières, économisant sur leur nécessaire un sou par semaine pour aider les apôtres de l'Evangile? Est-il nécessaire de parler des hospitaliers, humbles travailleurs, qui, n'ayant de repos que le dimanche, se font ce jour-là les serviteurs de leurs frères malades et vont dans les hôpitaux leur rendre les services les plus répugnants à la nature? Faut-il nommer les veilleuses, charitables ouvrières qui donnent leurs nuits à leurs sœurs, après de dures journées de travail?

Pourrions-nous, à l'heure actuelle, ne pas saluer les braves paysans de France qui défendirent avec tant de vaillance leurs églises contre l'inquisition gouvernementale? Ne nous ont-ils pas montré que le cœur du peuple sait battre pour les grandes causes[1].

Ah! si nous le connaissions mieux ce peuple de France, comme il nous serait plus facile de le conquérir! Malgré ses fautes, nous pourrions souvent l'admirer et lui témoigner une estime dont il serait fier et qui deviendrait le premier lien de notre alliance fraternelle.

---

1. Si j'ai confiance dans l'avenir, si je suis certain que la France sera sauvée, c'est parce que j'ai senti battre le cœur du peuple, parce que je sais qu'il renferme des trésors incalculables de générosité et de dévouement; c'est parce je sais qu'il y a dans les rangs les plus obscurs comme dans les rangs les plus élevés de la société des héros et des héroïnes qui paieront la rançon de la Patrie.

(M. Piou, congrès de l'*Action libérale*, 1905).

ROLE DE LA FEMME

Dans cette pacifique croisade: la conquête du peuple, le premier rôle appartient à la femme.

Jamais on n'a tant parlé de féminisme qu'à notre époque; nous n'avons pas à apprécier ce mouvement; il prouve une fois de plus l'influence de la femme dans la société. Un philosophe a dit que les femmes mènent le monde, et un magistrat résumait son expérience personnelle en écrivant: «Dans les enquêtes judiciaires, cherchez la femme». La femme est le cœur de la société: d'elle part la vie, et selon qu'elle s'élève ou s'abaisse, tout s'abaisse ou s'élève autour d'elle. Nous la trouvons avec sainte Clotilde au baptistère de la France, avec Jeanne d'Arc au jour de sa délivrance. Si la puissance de la femme pour le bien est grande, son influence pour le mal est terrible: l'histoire est pleine du récit des crimes dont elle a été l'instigatrice.

De nos jours, la franc-maçonnerie l'a compris, et, pour frapper plus sûrement la religion, elle se sert de la femme. Nous avons vu la pétroleuse de la Commune; la Russie nous effraye par ses affiliées nihilistes et la sœur maçonne nous réserve des surprises terribles.

La puissance féminine est aussi ancienne que le monde; une femme, la première, Eve a perdu le genre humain en succombant aux tentations du plaisir et de l'orgueil; une autre femme, bénie entre toutes, la Vierge Marie, a coopéré à la Rédemption du monde par son humilité et ses douleurs.

Il y aura toujours dans l'humanité deux courants contraires: l'un qui attire l'homme aux abîmes et aux dégradations d'en-bas par la voie riante du plaisir, l'autre qui l'élève au-dessus des satisfactions de la matière, dans les pures régions du devoir et du dévouement, par la voie austère du sacrifice. A l'entrée de ces deux chemins se trouve la femme, démon brillant et séducteur pour entraîner au mal, ange pur et dévoué pour aider aux ascensions nobles et douloureuses.

Dieu, qui savait le rôle qu'aurait à jouer la femme dans le monde et qui voulait en faire l'apôtre du vrai, du beau et du bien, l'a armée pour cette mission; il a été prodigue envers elle des dons du corps, de l'esprit et du cœur; hélas! que de fois elle les a détournés de leur but! Pour nous, sachons reconnaître ceux que nous avons reçus et faisons-les servir à la noble cause dont nous voulons être les champions [1].

Le rôle de l'homme est souvent sévère et quelquefois dur; il est le représentant de la justice, le bras armé pour la défense du droit. Le rôle de la femme est plus doux: à elle, le royaume de la miséricorde, de la bonté; à elle, le sourire qui encourage, la pitié qui console; à elle, le pouvoir de donner au foyer son charme, de

---

1. Ayant pitié des pauvres trompés en même temps que des pauvres qui ont faim, la femme apporte du bonheur partout, après avoir été dans sa maison la paix, la conscience, la protectrice. (René Bazin.)

répandre le bonheur dans sa sphère; à elle, la noble mission d'élever les cœurs et de porter les âmes à Dieu. Pour la conquête difficile, mais nécessaire du peuple, elle doit étendre les limites de ses affections, unir dans son cœur, à l'amour de Dieu et à celui de sa famille, l'amour de ses frères. Il faut aimer pour attirer l confiance; et toutes les œuvres qui se sont créées et qui se créeront pour le rapprochement des classes sociales, ne seront qu'un reflet, ou plutôt la floraison de la charité divine embrasant un cœur humain.

Sans charité chrétienne, on fera de la philanthropie; mais cette froide contrefaçon sonne faux, et elle est frappée de stérilité pour le bien; tapageuse et égoïste, elle ne gagne pas les cœurs [1].

---

1. On a vu une bienfaisance établie par les lois civiles se substituer à la charité chrétienne. Mais cette charité qui se voue tout entière et sans arrière-pensée à l'utilité du prochain, ne peut être suppléée par aucune industrie humaine. L'Eglise seule possède cette vertu, parce qu'on ne la puise que dans le Cœur Sacré de Jésus-Christ.
(Léon XIII, *Rerum Novarum*)

Le christianisme seul a enseigné l'amour des faibles, des souffrants, des déshérités. Notre-Seigneur a voulu, en revêtant la nature humaine, naître pauvre, connaître le travail et la souffrance pour les transfigurer à nos yeux. Il s'est pour ainsi dire incarné dans le pauvre en nous disant : « Ce que vous ferez au plus petit d'entre vous, c'est à moi que vous le ferez ». En parlant des récompenses réservées à ses disciples, il a dit : « J'étais pauvre, et vous m'avez visité ; j'étais nu, et vous m'avez vêtu ; j'avais faim, et vous m'avez nourri ». Ses mains divines ont tenu le rabot du charpentier ; il a été ouvrier, il a donné à la classe des travailleurs une noblesse véritable en partageant leurs labeurs.

Aussi, en allant au peuple, soyons vraies, soyons simples ; il est bon juge et ne se laisse pas prendre aux contrefaçons de la bonté, mais ne cachons pas notre foi : la franchise remporte des victoires[1]. Soyons chrétiennes : en

1. L'exemple de M. Gaston Méry en est une preuve. « J'avais été invité, dit-il, à prendre la parole dans une

gagnant son cœur nous le rapprocherons de la religion.

Donner Dieu aux âmes et donner des âmes à Dieu, c'est la plus noble et la plus sainte ambition de la vie; mais pour servir les nobles causes, il faut user des petits moyens: l'océan est formé de gouttes d'eau. La conquête du peuple est faite de mille petits actes d'amabilité, de bonté, de sourires, de larmes essuyées et quelquefois de larmes versées avec ceux qui pleurent; d'attentions délicates, de mercis affectueux, de bonjours gracieux, de ces riens, que la charité qui

---

réunion publique du XVe arrondissement de Paris. A peine étais-je à la tribune, que, immédiatement, de tous les côtés j'entends dire les aménités que vous connaissez trop: A bas la calotte, retourne à la sacristie, on ne veut pas de toi, espèce de cafard, etc. Je compris que j'étais tombé dans un guet-apens; je fis comme je pus contre fortune bon cœur. Je croisai les bras; quand le tumulte se calma, ne pouvant pas me faire entendre, je fis simplement le signe de la croix. Alors il se passa ceci: Les 1.500 à 1.800 hommes qui m'insultaient me firent dans une clameur immense un triomphe tel que je n'en ai jamais eu de pareil, et, après la séance, on me porta en triomphe. »

(Toast au banquet de l'*Action libérale*, 1905.)

est au cœur rend vivants et bienfaisants, renouvelant le miracle de sainte Elisabeth qui changea en roses d'un enivrant parfum, les morceaux de pain qu'elle portait en plein hiver aux pauvres de son village.

Les femmes ont le secret de ces métamorphoses; mais souvent lassées, épuisées par les fatigues que leur causent les exigences du monde, découragées par leurs insuccès, il ne leur reste plus assez de force, assez de soleil dans l'âme pour faire éclore autour d'elles les fleurs de la charité.

Car, il faut l'avouer, le monde est un tyran impitoyable et lorsqu'une femme veut le satisfaire, elle y use toute sa vie; à l'inverse de la charité, il change les roses en épines; au lieu de produire la paix, il amène le trouble; ses faveurs, il les fait payer bien cher; si elles ne blessent pas notre âme en étant pour elle une occasion de chute, du moins elles l'amoindrissent; nos succès enfantent des jalousies parmi nos rivales, et l'encens qu'on nous offre hypocritement se change en notre absence en d'amères critiques, de dénigrantes paroles. Lorsque nous donnons des fêtes pour plaire au monde et que nous dépensons sans compter notre argent, notre temps et nos forces afin qu'elles soient brillantes et joyeuses, sommes-nous assez naïves pour en attendre de la reconnaissance? Il faudrait, pour nous instruire, que nous pussions entendre les conversations de nos invités au retour de nos réceptions. D'après eux, nous en avons fait trop ou trop peu: tout est sujet à leurs moqueries; notre luxe est taxé de folie et on prophétise notre ruine; ou notre sage simplicité est regardée comme mesquinerie; notre personne n'est même pas épargnée, et si, par un rare privilège, nous échappons aux railleries, combien durera notre règne, si brillant soit-il? Il ne survivra pas à l'épreuve; lorsque le malheur ou la ruine nous frapperont, nous resterons seules: le monde n'aime pas pleurer — les malheureux n'ont plus d'amis. — L'épreuve nous serait-elle épargnée, le temps, lui, du moins, fera son œuvre, détruisant peu à peu tous nos charmes, éloignant de la femme qui vieillit les admirateurs de sa jeunesse.

Hélas! qu'ils sont trompeurs et éphémères les triomphes mondains et pour les obtenir que de peines perdues pour le temps et pour l'éternité!

Si nous avions employé à la conquête du peuple tous les trésors de force, d'amabilité, d'argent que le monde a dévorés, combien d'amis nous compterions autour de nous! que de larmes nous aurions séchées! que de cœurs nous aurions réjouis et fortifiés! que d'âmes peut-être nous aurions sauvées! Le peuple, lui, n'est pas un blasé, et, le plus souvent, il n'est pas un ingrat.

Se faire aimer par la population qui nous entoure, conquérir son estime, créer une alliance entre le château et la chaumière, n'est-ce pas une conquête meilleure que celles du monde? Elle, du moins, n'est pas éphémère, car chaque événement de notre vie la fortifiera, si nous savons convier le peuple à s'associer à nos joies, à nos douleurs, et si nous partageons les siennes. A l'heure de l'infortune, il pleurera avec nous, et les cheveux blancs que le temps mettra à notre front ne feront qu'augmenter sa vénération. La conquête du peuple sera pour nous une cause d'élévation morale; car elle nous impose une grande dignité de vie: nous sommes en vue, et la moindre faiblesse nuirait à notre considération et à notre influence. Il faut le remarquer, le peuple, qui ne veut pas que la classe riche soit fière, ne la respecte plus, dès qu'elle ne sait pas tenir son rang; la familiarité l'offusque, il méprise la popularité achetée au dépens de la dignité; il a le sentiment des distances.

La charité, l'altruisme, pour nous servir d'un mot moderne, est le meilleur remède à la névrose actuelle, fléau des femmes riches et inoccupées.

La vie mérite d'être vécue, lorsqu'elle rayonne autour de nous, semant le bien, épanouissant les cœurs, guérissant les âmes. Arrière alors le ver rongeur de l'égoïsme! arrière l'ennui, spectre voilé qui nous suit côte à côte, le désœuvrement qui étiole et conduit à la neurasthénie! Les heures ne sont plus assez longues pour les œuvres à accomplir, et le fardeau de nos misères personnelles s'allège en proportion de notre dévouement à diminuer les peines d'autrui. Consacrer son existence à faire du bien, c'est le vrai moyen de ne pas la perdre; nous plaçons au centuple notre fortune pour l'éternité, et, dès ici-bas, nous avons la promesse divine la plus consolante: « La charité couvre la multitude des péchés ».

Selon notre genre de vie, nos devoirs envers le peuple se diversifient. Si nous habitons la campagne, notre existence est continuellement mêlée avec celle des paysans qui nous entourent et notre influence peut être très grande; il nous est plus facile qu'à la ville de connaître les misères et de les soulager; mais partout le peuple souffre et la douleur qui aigrit lorsqu'elle est incomprise, rapproche les cœurs lorsque la charité lui donne comme écho la compassion.

ROLE DE LA FEMME A LA CAMPAGNE

Une des formes de la souffrance, c'est la maladie; terrible pour le riche, elle est torturante pour le pauvre qui manque de soins, de remèdes, de nourriture fortifiante et auquel la nécessité du travail ôte tout repos d'esprit. Qu'il est facile alors de s'approcher de celui qui souffre et de lui faire du bien! C'est l'heure voulue de Dieu, pour l'union des classes sociales: « Bienheureux, nous dit la Sainte Ecriture, celui qui a l'intelligence du pauvre ». Il faut avoir l'intelligence du pauvre pour soulager son corps et son âme. Donner son or ne suffit pas, il est nécessaire de se donner soi-même, avec toutes les délicatesses de son cœur. Si un accident arrive dans notre village, empressons-nous d'accourir et offrons aux blessés nos services, sans nous laisser effrayer par la vue du sang et des plaies. Dans les bourgades privées de médecin, il est souvent utile d'avoir une petite pharmacie de secours et de la mettre à la disposition de ceux qui nous entourent.

Depuis quelques années, on a multiplié pour les femmes les moyens de s'instruire dans l'art si nécessaire de panser les blessures et de soigner les malades; les cours de la Croix-Rouge qui ont pour but principal de former des infirmières militaires en cas de guerre, donnent à celles qui les suivent de précieuses leçons leur permettant de se rendre utiles en temps de paix. Une femme devrait toujours être doublée d'une Sœur de charité; son influence pour le bien en serait augmentée. Le dévouement de la chrétienne est pour le peuple la meilleure prédication; il lui fait comprendre les bienfaits de la religion. Soyons, de toute manière, une providence pour ceux qui nous entourent; si nous avons des voitures, une automobile, dans les cas urgents, mettons-les au service des blessés, des malades; alors, on ne maudira pas notre luxe; au lieu de nous créer des ennemis, il nous donnera des amis. Leur affection sera intéressée, nous dira-t-on: c'est vrai, mais quelle est celle qui peut se vanter de ne l'être pas? Sommes-nous assez désintéressées pour reprocher au peuple un sentiment bien pardonnable?

Dieu lui-même pour nous encourager au bien n'a-t-il pas eu recours aux promesses des récompenses éternelles?

Parmi les causes de souffrances qui sollicitent notre dévouement, il y a, à côté des accidents qui demandent de prompts secours, les maladies violentes contre lesquelles il faut lutter avec énergie et qui absorbent les faibles ressources d'une famille d'ouvriers; dans ces deux cas, notre rôle est actif, mais court.

Il existe aussi des maladies longues, quelquefois incurables, qui demandent un durable et patient apostolat; elles ont usé l'intérêt public; hélas! elles ont lassé aussi le dévouement de la famille; le malade est devenu une charge pesante, il le sait, et on le lui fait sentir. Approchons-nous avec bonté de ce membre souffrant de Notre-Seigneur, et nous, du moins, ne nous lassons pas de ses souffrances, de ses misères; prenons pitié de ses infirmités et soyons le réconfort et la consolation de la pauvre âme si tristement prisonnière dans un corps incapable d'activité.

Pour que la charité soit vraiment un trait d'union entre les classes, il faut qu'elle se fasse sans intermédiaire; il est nécessaire de prendre contact avec le pauvre; les religieuses elles-mêmes ne sauraient nous remplacer.

Allons dans l'humble logis où l'on souffre; asseyons-nous sur l'escabeau qu'on nous offre; ne soyons ni pressées, ni dégoûtées; si nous sentons quelques révoltes de la nature, pensons à notre divin Maître qui n'a pas dédaigné de naître dans une étable: nous sommes plus près de lui dans la misérable demeure du pauvre que dans de somptueux palais. Portons nous-mêmes le plus souvent possible nos aumônes, même celles en nature.

Oh! les charmants petits sacs mystérieux, d'où s'échappe la joie sous tant de formes ingénieuses: vêtements, nourriture, douceurs chères aux malades, fruits cueillis pour eux, vous êtes une parure plus belle au bras de la femme charitable que les bijoux précieux; vous êtes de vrais porte-bonheur dans tout le sens du mot. La Providence divine est notre modèle: elle ne nous accorde pas seulement le nécessaire; mais elle orne la terre de beautés sensibles pour réjouir notre vue et notre odorat. Enfants gâtés du bon Dieu, sachons à notre tour donner parfois aux pauvres plus que le nécessaire, un peu de ce superflu dont la Providence a été prodigue envers nous.

La charité se traduit par mille attentions touchantes; qui pourrait les dévoiler toutes? Bien des maîtresses de maison réalisent pour les malades le vœu du bon roi Henri IV: chaque dimanche, elles commandent un pot au feu en leur honneur, et un bouillon fortifiant va réjouir leurs protégés; nous connaissons maints châteaux, où une armoire spéciale contient du linge, des vins généreux, des confitures et bien d'autres douceurs amassées avec soin: c'est le trésor de la châtelaine destiné à devenir le trésor des pauvres.

Une charité facile et très appréciée à la campagne est celle qui consiste à avoir des fauteuils destinés aux malades et à les prêter gracieusement.

Entourées de toutes les recherches du bien-être, nous ne comprenons pas assez les privations des pauvres; ils ont cependant un corps comme le nôtre, quoique plus endurci à la souffrance par le travail et la misère. Lorsque ce corps est brisé par la maladie, une chaise de bois lui semble bien dure! Se reposer dans un bon fauteuil a un charme que nous ne soupçonnons pas.

Parmi tant de meubles superflus qui ornent et quelquefois encombrent nos demeures, ayons ce meuble de luxe du pauvre malade, et soyons sûres qu'il nous attirera plus de bénédictions que notre somptueux mobilier.

A côté des malades, il y a des vieillards qui sollicitent notre compassion. Vétérans du travail, ils auraient droit au repos et au respect; hélas! combien sont délaissés et réduits à la misère! Allons à eux: nous serons toujours bien reçues, et nos égards leur attireront ceux de leurs proches; leur famille n'osera pas laisser dans le dénuement complet le père ou la mère qu'une Dame vient visiter. Si nous avons des bois, songeons aux vieillards lorsqu'on les exploitera; leur part n'amoindrira pas beaucoup nos revenus, et notre propriété sera, grâce à notre charité, sous la protection populaire.

Lorsque la mort a frappé un de nos protégés, ne nous effrayons pas de cette sinistre visiteuse; allons prier auprès de la couche funèbre et cherchons à consoler ceux qui pleurent par les pensées de la foi; rappelons-nous, pour nous encourager dans ce triste ministère, quel souvenir reconnaissant nous avons gardé à ceux qui sont venus prier avec nous aux jours de nos deuils.

Si nous le pouvons, assistons aux funérailles de ceux qui nous ont servi : ouvriers, fournisseurs, etc.; envoyons des fleurs pour leur tresser des couronnes; faisons célébrer des messes pour le repos de leur âme.

Les points de contact avec le peuple sont innombrables : ils sont de tous les jours, de tous les instants; mais nous ne les trouvons pas assez importants pour y attacher notre attention; leur simplicité, leur obscurité nous découragent, et tandis que nous rêvons de grandes œuvres sociales, nous négligeons celles qui sont à notre portée; et, ne pouvant pas aller au peuple dans des occasions éclatantes, nous passons indifférentes à côté de lui dans la vie journalière et nous ne faisons pas le bien que Dieu attend de nous. Rien n'est petit à ses yeux : une paille levée de terre par amour pour lui vaut mieux que la conquête du monde entreprise dans des vues exclusivement humaines; un acte de bonté, ignoré de tous, mais inspiré par la charité chrétienne, pèsera plus dans les balances divines pour le salut de notre pays que des actions d'éclat, fruits de l'orgueil : et quelle est la femme qui n'est pas capable d'accomplir un acte de bonté ?

A la campagne, notre action sociale doit s'étendre non seulement à ceux qui souffrent, mais au peuple qui nous entoure. Ne marchandons pas la main-d'œuvre, lorsqu'on n'abuse pas de nous. Faisons de préférence gagner les gens de notre village, soit comme ouvriers, soit comme fournisseurs ; peut-être paierons-nous plus cher chez les petits commerçants que si nous nous adressions directement à des maisons importantes ; mais c'est souvent un sacrifice à faire dans l'intérêt général. Une chose essentielle est de donner exactement leur salaire à ceux qui travaillent pour nous : c'est un acte de justice, et nous ne saurons jamais quelles conséquences funestes peut avoir l'oubli de cette loi. Si nous n'observons pas d'abord la justice dans toute son étendue, notre charité sera stérile; le peuple est un implacable logicien.

Que de choses il y aurait à dire sur les moyens de conquérir et de conserver la confiance populaire: un livre n'y suffirait pas. Chaque pays a ses traditions et ses coutumes: il faut les connaître et les respecter, lorsqu'elles sont bonnes. Aimer son village, c'est le meilleur moyen de s'en faire aimer. Le peuple a sa fierté: il faut la ménager; s'il nous témoigne sa reconnaissance par quelques présents, nous devons les recevoir avec cœur. Un grand art est de savoir écouter, le peuple aime à raconter ses misères, et souvent, nous, si patientes pour entendre pendant des heures les conversations insipides des salons, nous ne prêtons qu'une oreille distraite aux confidences populaires. Le peuple est plus intelligent qu'on ne le croit; il devine notre indifférence et elle le blesse; un affectueux intérêt aurait gagné son cœur et conquis sa confiance; écoutons ses récits et retenons-les de manière à pouvoir lui demander, à notre prochaine rencontre, des nouvelles de ses malades et des renseignements sur ses affaires; cela nous sera facile, si nous utilisons, dans nos rapports avec lui, nos habitudes de bienséance, si nécessaires dans le monde.

Ne nous irritons pas des jugements sévères, et même calomnieux, que le peuple porte parfois sur nous. Comment s'étonner que l'union soit difficile entre les classes différentes de la société, lorsque, dans une même famille, il suffit souvent d'une mesquine question d'intérêt pour diviser des frères unis par les liens du sang et de l'éducation! Ayons l'air d'ignorer ce que l'on dit à notre désavantage: c'est le moyen le plus sûr de garder la paix, d'éviter les rapports pénibles, les reproches amers et de travailler avec succès à notre pacifique croisade.

Les devoirs de la charité sont anciens comme la loi divine; Notre-Seigneur nous les a tracés d'une manière effrayante dans plusieurs paraboles. Au point de vue chrétien, les riches ne sont que les économes de la Providence.

La persécution actuelle qui cherche à déchristianiser la France, nous crée de nouvelles responsabilités. Nous ne devons plus seulement donner au pauvre le pain du corps, mais lui distribuer le pain de l'âme : la vérité chrétienne, et pour cela, soutenir de nos deniers les écoles libres, pépinières de bons Français et de bons chrétiens, espoir de l'avenir; les patronages catholiques, compléments nécessaires de l'école chrétienne; bientôt, il nous faudra subvenir au traitement du clergé.

Ce sont de lourdes charges pour les propriétaires grevés d'impôts et dont les revenus diminuent chaque jour par suite de la crise agricole. Il faut, à cette heure pleine d'angoisses, que les femmes chrétiennes s'imposent des sacrifices exceptionnels afin de grossir le budget de la charité; sans leur sage économie, leurs maris seraient incapables de faire face aux dépenses exigées par les œuvres sociales.

ROLE DE LA FEMME A LA VILLE

A la ville, nos rapports avec le peuple sont différents, moins faciles et peut-être d'une moindre importance au point de vue social; mais ils existent, et nous ne sommes pas dispensées de travailler à notre croisade de pacifique conquête.

Dans les villes, la misère est grande; elle est souvent plus horrible qu'à la campagne; il y a des pauvres que la vue du luxe irrite et qui maudissent sous leurs haillons le riche somptueusement paré. Il y a l'ouvrier qui peine et dont le rude travail use la santé et brise prématurément la vie. Il existe des nouveau-nés qui pleurent leurs premières larmes dans d'infects taudis et qui manquent de la goutte de lait pur nécessaire à leur frêle existence. Pauvres victimes, auxquelles il faudrait si peu d'or et de tendre intelligence pour s'épanouir et vivre! Il y en a sur lesquelles la mort étend déjà ses serres et qui attendent en vain un apôtre pour recevoir l'eau baptismale qui leur ouvrirait le Ciel.

Il se trouve en foule des enfants qui, échappés aux dangers de leurs premières années, s'avancent rachitiques, vers un avenir de labeur et de souffrances, sans forces pour le travail obligatoire, sans instruction chrétienne pour éclairer leurs âmes, sans espérances éternelles pour illuminer leur calvaire.

A la ville, il y a des adolescents exposés à tous les dangers du corps et de l'âme, surmenés avant l'âge par le travail, flétris par le vice avant d'être épanouis.

Il existe de pauvres jeunes filles découragées par l'exploitation inhumaine de l'ouvrière, qui travaillent jusqu'à l'épuisement, sans pouvoir gagner leur vie, et dont la vertu chancelle; il y en a qui sont tombées, ayant eu faim, et qui ne demanderaient qu'une main secourable pour se relever.

Il existe, en grand nombre, des épouses qui, après une heure d'illusion, se réveillent dans la triste réalité de la vie et qui subissent les mauvais traitements d'un époux sans foi et sans mœurs; ayant à lutter, héroïquement parfois, pour garder leur honneur de femme et leur fidélité d'épouse.

Il se trouve des mères écrasées sous le poids de la maternité, qui ne rencontrent pas une mère riche et charitable pour les soutenir de son or et de son cœur.

Il y a beaucoup de malades réduits à être portés à l'hôpital, aucune main amie ne pouvant les secourir.

Il existe des vieillards que la charité publique doit recueillir parce qu'ils n'ont plus de foyer. Il se trouve des désespérés que le suicide attire, et une foule d'épaves vivantes qui errent jours et nuits dans nos brillantes cités, sans asile et sans pain, et qui finissent souvent par le crime.

Les misères sont innombrables dans nos grandes villes; ce sont de vastes champs de bataille. Si nos cœurs savaient entendre les gémissements des blessés de la vie, notre égoïsme serait vaincu; nous ne pourrions passer indifférentes et inutiles à côté de tant de tortures morales et physiques.

Il est, nous le savons, des âmes compatissantes qui souffrent en silence de leur impuissance; il existe des mères qui, en endormant, le soir, avec des baisers, leurs enfants dans leurs moelleux berceaux, donnent un soupir de pitié aux petits déshérités; il est des épouses heureuses qui plaignent leurs sœurs martyres, il existe des femmes dont le repos et le luxe sont empoisonnés par la pensée du labeur et des souffrances de leur prochain. Il est bien, il est bon, de penser aux malheureux, c'est une grâce de Dieu, mais cela ne suffit pas. Il n'est pas de femme qui ne puisse sortir de sa personnalité;

les blessés sont trop nombreux dans la douloureuse arène de ce monde, pour que nous ne puissions pas en secourir un seul.

Il existe, dira-t-on, dans les grandes villes des œuvres établies pour répondre à toutes les misères. Dieu en soit loué! Soutenons-les de notre or; mais apportons-leur aussi notre concours personnel; ce n'est pas en restant dans nos salons que nous aiderons au rapprochement des classes sociales et que nous pratiquerons vraiment la charité.

Lorsque Notre-Seigneur, dans son ineffable amour, a voulu sauver l'humanité, il aurait pu, sans quitter la gloire du Ciel, faire un miracle de puissance; mais il a préféré une rédemption où il répandrait ses sueurs et son sang; il est descendu dans notre vallée de larmes et nous a conquis par le sacrifice. Il voulait nous servir d'exemple. Après lui, tous les sauveurs ont été des immolés, et, malgré les progrès du vingtième siècle, nous ne conquerrons les cœurs et nous ne sauverons les âmes qu'au prix de labeurs et de sacrifices.

A la ville, nos points de contact avec le peuple ne se bornent pas à ceux que nous avons avec les pauvres : le peuple n'est pas toujours en haillons ; il monte, il est monté : nous le rencontrons à bien des degrés différents de l'échelle sociale ; son éducation lui a ouvert des portes qui lui étaient jusqu'à présent fermées, et parfois nous sommes étonnées de son intelligence, de sa bonne tenue, de ses manières correctes et quelquefois distinguées.

A côté des œuvres de charité, il se crée à notre époque des œuvres sociales qui répondent à des nécessités actuelles : donnons-leur notre appui. Sa Sainteté Pie X, en envoyant ses conseils et ses bénédictions à la Ligue patriotique des Françaises, leur faisait dire par Mgr Delamaire : « Il ne suffit plus qu'on s'enferme dans des œuvres de bienfaisance proprement dites, où toujours on sent l'écart des rangs, la hauteur de celui qui donne et l'infériorité de celui qui reçoit. Non, je leur demande *d'aller au peuple, de lui parler*, de lui rendre service, dans une vraie confraternité chrétienne, suivant l'esprit évangélique lui-même. Qu'on sente l'amour, la bonté, la bienveillance du cœur qui oblige, et non la pitié, qui blesse souvent et ne gagne ni l'esprit ni le cœur du peuple abusé par des mensonges pernicieux, le portant à la haine. »

Nous ne pouvons pas faire ici l'énumération de toutes les œuvres sociales que la charité chrétienne, fidèle à écouter la parole du Pape, fait éclore sur notre terre de France, comme un signe de renaissance et un espoir de rapprochement fraternel[1]. Puissent-elles prendre racines et porter des fruits de salut! Nommons seulement *La ligue pour le repos du dimanche*, qui veut sauvegarder les droits de Dieu et ceux de la famille, en même temps que ceux du travailleur. — *L'œuvre des jardins ouvriers*, qui mora-

1. Lire *Les initiatives féminines*, Max Turmann, édité par Lecoffre.

lise le père de famille, en le soustrayant aux dangers du cabaret et en lui procurant d'honnêtes jouissances. *La protection de la jeune fille,* qui arrache des victimes au vice et protège la faiblesse et l'ignorance des filles du peuple si exposées dans les grandes villes. *Les syndicats et les mutualités chrétiennes,* retour à nos anciennes corporations religieuses qui sauvent les ouvriers et les ouvrières des dangers de l'isolement, les fortifient par l'union, les soutiennent contre les périls physiques et moraux de l'atelier et sont un nécessaire contre-poids aux syndicats révolutionnaires. *La ligue des acheteurs,* qui cherche à faire de la puissance de l'argent une arme de justice, en intéressant les femmes qui achètent aux misères de ceux et de celles qui travaillent pour elles, et qui sont souvent les victimes de la concurrence à outrance des commerçants et des exigences excessives de notre luxe. Cette ligue nous révèle des injustices et même des barbaries sociales auxquelles nous participons inconsciemment. On l'a dit avec vérité, dans un livre nouvellement paru[1] : « Il y a des femmes riches, isolées du monde où elles vivent, plus éloignées quelquefois du marmiton qu'elles côtoient dans la rue, du facteur qui leur apporte leur courrier, que du petit Chinois, dont, du moins, par les Annales de la propagation de la foi, elles ont appris le triste sort. »

1. *Françaises.*

ROLE DE LA MÈRE

S'il est incontestable que la femme a une grande et pacifiante mission à exercer et que Dieu l'a douée des qualités nécessaires à l'apostolat, il est évident que la mère a un pouvoir encore plus étendu. Pour nous borner à notre sujet, il est facile de prouver que la maternité donne à la femme riche un point de contact plus intime avec la classe populaire. L'enfant est un trait d'union entre les mères, quel que soit leur rang: cet être plein d'innocence, qui ignore tout de la vie, ne peut inspirer au peuple ni haine, ni envie, fût-il de noble naissance; et il doit émouvoir tout cœur maternel, fût-il enveloppé des plus pauvres langes.

Il se produit entre les mères heureuses et celles qui souffrent, un échange de sentiments irréfléchi, mais réel, tel que celui si bien dépeint par

Reboul dans la poésie des *Deux Cortèges:* la mère qui pleure sourit au milieu de ses larmes au spectacle du bonheur maternel; la mère, heureuse s'émeut et pleure au contact de la douleur maternelle. Les femmes sont toujours un peu sœurs à côté d'un berceau.

De nos jours, la maternité est rarement estimée et généralement mal comprise. L'esprit matérialiste et jouisseur, qui souffle à notre époque, ébranle la famille et la natalité diminue en France d'une manière effrayante.

Les mères chrétiennes de la société doivent lutter contre le paganisme moderne, par leurs exemples, en se montrant fières de leur couronne d'enfants, et en accomplissant sans murmurer tous leurs devoirs maternels, puis, en aidant les femmes pauvres, surtout celles qui ont des familles nombreuses. Il est nécessaire de leur donner des secours matériels; mais il faut aussi les réconforter moralement en leur témoignant de l'estime et en leur montrant la grandeur de leur tâche qui leur semblera moins amère, illuminée par les clartés divines. On dit avec vérité : « L'avenir du monde repose dans les berceaux » ; il est donc confié aux mères : ce sont elles qui feront la France de demain. Puissent-elles être dignes de cette mission[1] !

La naissance d'un enfant est toujours accompagnée de douleurs ; chaque mère en a fait la dure expérience ; mais si la sentence portée au paradis terrestre atteint toute femme, la pauvreté y ajoute un poids bien lourd. Soyons les cyrénéens de nos sœurs pauvres à cette heure de souffrance, où on nous entoure de tant de soins, de tant de tendresse, et où le dur travail et les exigences d'une société sans cœur ne leur laissent, à elles, aucun repos[2].

---

1. Veut-on savoir ce qui fait une nation : c'est le cœur des femmes, c'est le cœur des mères, des sœurs, des fiancées. Donnez à un peuple de fortes et courageuses mères, et l'on répond de ce peuple. (Henry Pereyre.)

2. Une femme du monde, en visitant à Paris les familles ouvrières signalées à sa bienfaisance, soigna

On a dit avec amertume: « L'ouvrière a tué la mère; le travail a broyé le berceau ».

Les œuvres pour protéger l'enfance sont nombreuses et elles se multiplient chaque jour; cependant la mortalité infantile reste énorme; il y aurait encore beaucoup à faire pour la diminuer. Il serait nécessaire d'éclairer les mères sur l'hygiène du premier âge, de réformer le travail

---

une jeune femme accouchée le matin dans de terribles souffrances et dans des conditions graves pour sa vie. Comme elle s'informait de ses ressources et du temps de repos que lui laisserait son travail pour réparer ses forces, elle apprit que la jeune accouchée était employée chez une fleuriste en renom, et qu'elle devait y retourner dès le lendemain, sous peine d'être renvoyée.

Ne pouvant croire à une exigence si cruelle, la Dame charitable courut au magasin, où d'ailleurs elle se fournissait parfois ; elle dit quelle était exactement la situation de la malade et demanda, avec de vives insistances, qu'un délai plus humain lui fût accordé. Mais on lui répondit qu'on ne voulait pas savoir si elle accouchait ou n'accouchait pas, que la jeune vendeuse plaisait à la clientèle par sa figure agréable, qu'elle faisait faire ainsi de belles affaires chaque jour, et qu'on ne pouvait se passer de ses services, à moins qu'elle ne fût aussitôt remplacée. (Cte de Mun, Discours à la Chambre des Députés, 8 juillet 1890.)

de la femme, pour qu'elle ne s'épuise pas pendant sa grossesse et qu'elle puisse rester auprès de son nourrisson, après sa naissance [1]. Il serait urgent de surveiller plus attentivement les nourrices mercenaires, qui trafiquent de la vie des nouveau-nés [2].

Quel vaste champ ouvert à la charité! Peut-on comprendre, que lorsque la mort fauche chaque année en France 125.000 enfants, dont beaucoup pourraient être sauvés [3], il y ait des femmes qui gaspillent une partie de leur fortune

1. La France, la nation la plus chevaleresque, est la seule en Europe qui n'ait pas de loi pour protéger la femme enceinte, en lui interdisant le travail des ateliers immédiatement avant ses couches, et quelques semaines *après* et en suppléant à ce travail par un secours.

2. Il vient de se créer à Paris une mutualité maternelle ; elle secourt les femmes en couches et donne des primes aux mères qui nourrissent leurs enfants ; les décès infantiles ont baissé de 35 à 40 °/₀ à 8,60 °/₀ dans les familles qui en font partie.

3. Des juges très compétents affirment que tous les ans, on pourrait sauver 40,000 à 50,000 enfants. Du moment où nous le pouvons, nous le devons. La mesure de notre pouvoir est celle de notre devoir et de notre responsabilité. Pour ce sauvetage, il faut organiser une

à créer des hôpitaux pour les bêtes, ou des cimetières pour les chiens ?

Les mères qui ont le sens vrai de la maternité, ne peuvent pas restreindre à leur famille l'amour de l'enfant, et selon leurs ressources et leurs forces, elles vont à l'enfance pauvre et abandonnée ; n'est-ce pas attirer sur leurs propres berceaux les bénédictions célestes ? A notre époque d'athéisme officiel, l'enfant, si mal protégé au point de vue corporel, est persécuté dans ce qu'il a de plus noble, de plus divin, dans son âme. Lorsque son intelligence s'ouvre pour connaître la vérité, et que son cœur s'épanouit pour aimer le bien, la science athée enténèbre son esprit et la morale laïque corrompt ses sentiments ; l'innocence est scandalisée, semblable à un beau lis jeté dans la boue.

Parmi tous les crimes de l'irréligion con-

---

grande croisade, dans laquelle doivent prendre place toutes les femmes de France, et où la mutualité est appelée à jouer un rôle prépondérant.

(M. Emile Cheysson, membre de l'Institut.)

temporaine, il n'en est pas de plus lâche, de plus odieux, que celui dirigé contre l'enfant, cet être sans défense, qui mérite le respect et a droit à être protégé.

Chrétiennes, qui comprenez le prix des âmes, mères, qui veillez avec tant de soin sur celles de vos enfants, ayez pitié de l'enfant du peuple auquel on arrache la foi! Soyez ses anges gardiens visibles. Sauver les âmes des fils et des filles du peuple, n'est-ce pas le moyen le meilleur de travailler à sa conquête?

Initions autant que possible nos enfants à nos œuvres populaires; mettons-les en contact avec la misère, ils en deviendront meilleurs. C'est sur nos genoux qu'ils doivent recevoir les premières leçons de la fraternité chrétienne. Si, bien jeunes ils pratiquent la charité, et en goûtent les joies, en grandissant ils en prendront la douce habitude; elle sera la sauvegarde de leur jeunesse: en travaillant au salut de leurs frères, ils échapperont aux dangers et aux séductions du monde.

C'est une grande et noble tâche pour une mère de former le cœur de ses enfants et de l'incliner à la bonté; mais son rôle d'éducatrice serait incomplet, si elle négligeait la formation de leur esprit. Nos fils seront les hommes de demain; ils auront à livrer les rudes batailles de la vie, à éclairer les classes inférieures; leurs opinions pèseront dans la balance des destinées nationales [2]. Nos filles seront les femmes, les mères de l'avenir; la conquête du peuple à laquelle nous travaillons sera continuée par elles; nos enfants ont besoin, pour se préparer à remplir leur mission sociale, d'avoir des idées justes sur les questions qui agitent notre siècle. Ici-bas, le bien et le mal sont malheureusement mêlés: il est nécessaire de dégager la vérité des erreurs qui l'entourent; c'est un des privilèges les plus beaux de l'Eglise

---

1. Mères, vous apprendrez à vos fils à vivre, non pas pour eux-mêmes; mais pour le bien de leur pays, pour le triomphe de leurs idées; vous leur rendrez ainsi le goût et la force de vivre.

(M. DOUMIC.)

de faire briller la lumière au milieu des ténèbres.

La question sociale a servi de prétexte aux idées révolutionnaires et socialistes; ses erreurs ont détourné d'elle beaucoup d'esprits superficiels. De même que les mauvais pauvres font tort aux bons, les idées démocratiques exagérées ont nui aux justes revendications populaires. Léon XIII a montré aux catholiques la saine doctrine; c'est à sa lumineuse parole que nous devons recourir pour instruire nos enfants des redoutables problèmes des questions actuelles. Le socialisme est formellement condamné par le Saint-Père, comme « souverainement injuste, en ce qu'il viole les droits légitimes des propriétaires, qu'il dénature les fonctions de l'Etat et tend à bouleverser de fond en comble l'édifice social »; mais l'encyclique *Rerum novarum* consacre les droits des ouvriers. « Quant aux riches et aux patrons, dit-elle, ils ne doivent pas traiter l'ouvrier en esclave; il est juste qu'ils respectent en lui la dignité de l'homme relevée encore par celle du chrétien. Il est honteux et inhumain d'user de l'homme comme d'un vil instrument de lucre et de ne l'estimer qu'en proportion de la vigueur de ses bras. Le christianisme en outre prescrit qu'il soit tenu compte des intérêts spirituels de l'ouvrier et du bien de son âme. »

« Défense encore aux maîtres d'imposer à leurs subordonnés un travail au-dessus de leurs forces, ou en désaccord avec leur âge et leur sexe. »

Le Pape, dans son encyclique qui est un vrai catéchisme social, traite la question si discutée des salaires.

« Que le riche et le patron se souviennent qu'exploiter la pauvreté et la misère et spéculer sur l'indigence, sont choses que réprouvent également les lois divines et humaines... »

« Que le patron et l'ouvrier fassent donc tant et de telles conditions qu'il leur plaira, qu'ils tombent d'accord, notamment sur le chiffre du salaire, au-dessus de leur libre volonté, il est une loi naturelle plus élevée et plus ancienne, à savoir: que le salaire ne doit pas être insuffisant à faire subsister l'ouvrier sobre et honnête. »

« Que si, contraint par la nécesssité, ou poussé par la crainte d'un mal plus grand, il accepte des conditions dures, que d'ailleurs il ne lui était pas possible de refuser, parce qu'elles lui sont imposées par le patron, ou par celui qui fait l'offre du travail, c'est là, subir une violence contre laquelle la justice proteste. »

Ces conseils qui, au premier abord, ne semblent pas s'adresser à nous, sont utiles pour former notre jugement; il est bon de les faire connaître à nos enfants.

A notre époque, on cherche à développer l'intelligence des jeunes filles par des études religieuses et philosophiques, pour les armer contre le scepticisme contemporain et en faire les apôtres de la vérité. Encourageons nos filles au travail en leur dévoilant la mission sociale qu'elles pourront exercer auprès de leurs sœurs pauvres et ignorantes, en les moralisant et en les éclairant.

Dans l'éducation de la femme moderne, on n'a pas oublié qu'elle avait comme royaume le foyer domestique, et que le bien-être, la prospérité et la joie de la famille dépendaient de ses soins ; on a créé des écoles ménagères afin de l'instruire de toutes les sciences nécessaires au gouvernement d'une maison. Il y a dans cette innovation un effort utile pour rehausser l'idée du travail dans une société qui ne cherche que la jouissance et pour donner aux femmes du peuple les notions nécessaires à la bonne tenue de leur ménage ; mais, rien n'est nouveau dans le monde, nous ne faisons que rajeunir la vérité en l'adaptant aux besoins modernes. En aidant nos filles à s'instruire de la science ménagère, montrons-leur que le portrait de la femme forte tracé par les Saintes Ecritures a tous les traits de perfection que peuvent rêver les féministes les plus difficiles : C'est d'abord *l'épouse modèle :*

« Elle est plus précieuse que tous les trésors qu'on apporte des extrémités du monde. Le cœur de son époux se confie en elle... Tous les jours de sa vie, elle lui fait du bien et jamais de mal. Son mari se lève pour publier ses louanges ». C'est aussi *la maîtresse de maison accomplie:* « Elle ne mange pas son pain dans l'oisiveté. Elle observe dans sa maison jusqu'aux traces des pas; elle cherche la laine et le lin; elle travaille habilement de ses mains; sa lampe ne s'éteint jamais pendant la nuit; ses doigts s'attachent aux travaux rudes et prennent le fuseau. Le vaisseau, qui va chercher au loin la soie, l'ivoire, les fruits de la terre et les parfums n'apporte pas de choses plus belles et plus utiles que la femme d'intérieur n'en rassemble dans ses caves et ses greniers ». C'est enfin *la mère admirable*: « Ses enfants se sont levés et l'ont proclamée bienheureuse; elle accroît leur patrimoine par son activité; elle considère un champ et l'achète; elle plante une vigne du fruit de son travail. »

La femme forte possède aussi les qualités nécessaires au charme de la vie sociale: « La force et la beauté sont ses ornements; elle verra arriver son dernier jour avec un visage riant. Elle a tissé une robe pour elle; le lin et la pourpre servent à la vêtir. Elle ouvre sa bouche à la sagesse, une loi de douceur est sur ses lèvres. »

Elle pratique la charité: « Elle ouvre sa main sur l'indigent; elle l'étend sur le pauvre; elle ne craint pour sa maison ni le froid, ni la neige, car tous ses domestiques ont double vêtement. »

Souhaitons au XXme siècle beaucoup de femmes fortes; avec leur concours les questions sociales seraient vite et bien résolues.

Il est un généreux sentiment qui se perd de plus en plus et que nous devons raviver dans nos familles pour en donner l'exemple au peuple: c'est le patriotisme; il s'éteint dans les cœurs avec les croyances religieuses. Tout homme bien constitué doit à son pays le service militaire, et si la guerre éclate, il est de son devoir, jusqu'à un certain âge, de s'armer pour la défense de la patrie, et quelquefois de sacrifier sa vie à cette noble cause.

Autrefois, les fils de familles riches pouvaient se dispenser du service militaire en achetant des remplaçants. Au point de vue de l'union des classes sociales, nous ne saurions regretter la loi, pourtant si néfaste en général, qui rend tous les jeunes gens frères d'armes; mais nous voudrions que, pendant la vie commune sous les drapeaux, les jeunes gens de la haute société fussent un bon exemple pour les enfants du peuple et qu'il y eût entre eux réciprocité de service: aide matérielle d'un côté, secours, encouragement, aide spirituelle de l'autre.

C'est aux mères à animer leurs fils de l'esprit d'apostolat; elles redoutent avec de justes raisons les dangers de la caserne pour leurs corps et encore plus pour leurs âmes; mais puisque leurs enfants doivent subir l'épreuve du régiment, qu'elles usent de toute leur influence pour en faire de bons soldats, donnant l'exemple, plus que jamais nécessaire, de la discipline, du patriotisme et de la vie chrétienne.

La mission sociale de la mère est doublement féconde, par le bien qu'elle accomplit elle-même et par celui dont elle inspire le désir à ses enfants.

NOS RAPPORTS AVEC LES DOMESTIQUES

Il est, entre le peuple et nous, un point de contact qui est constant et immédiat, le même à la ville et à la campagne : c'est celui de la domesticité ; il est difficile et délicat à traiter, cependant son importance est capitale.

Dans toutes les œuvres charitables, nous allons chez le peuple ; avec le domestique il entre chez nous, au plus intime de notre foyer ; il en connaît les secrets, il juge notre conduite et, s'il n'est pas le serviteur honnête et dévoué, il devient l'ennemi caché ; tout ce que nous possédons est entre ses mains : notre argent, notre honneur, nos enfants, notre vie même.

Il y a sujet à mûres réflexions pour l'introduction de cet étranger dans notre maison ;

nous devrions être guidées, dans cette grave circonstance, par des motifs sérieux et non par des mobiles de vanité ou de parcimonie. Les manières agréables, les qualités physiques et même les avantages d'économie ne peuvent être mis en balance avec la moralité, l'éducation chrétienne et la pratique religieuse.

Une fois nos domestiques choisis avec soin, nous devons les traiter avec égards: comme leur nom l'indique, ils sont de la maison. Les bons maîtres font les bons domestiques; notre intérêt, même égoïste, est de nous attacher ceux qui nous servent. S'il est vrai que: Charité bien entendue commence par soi-même, il est évident que la nôtre doit d'abord atteindre nos domestiques avant de se répandre sur les pauvres éloignés. Charité spirituelle: Dieu nous les a confiés, nous leur devons le bon exemple, l'instruction religieuse nécessaire pour faire leur salut. Nous devons veiller à ce qu'ils remplissent leurs devoirs religieux, nous gêner pour leur en donner le temps et la facilité. Le service du bon Dieu prime le nôtre: sachons faire des sacrifices pour rendre cette vérité une réalité, et soyons sûres que nous y gagnerons: la religion de nos domestiques est notre meilleure garantie de sécurité.

Traitons-les avec bonté, avec indulgence: il est dur de servir, l'homme par lui-même n'est pas aimable, il se farde pour le paraître aux yeux du monde; mais vu dans l'intimité, dans le sans-gêne, quelle réunion de misères: égoïsme, orgueil, sensualité! « Il n'est pas de grand homme pour son valet de chambre! » Si le pauvre a besoin d'être transfiguré à nos yeux par l'Evangile, le riche, lui aussi, a besoin, pour garder le respect nécessaire à celui qui commande, du rayonnement divin et des leçons chrétiennes comme celle-ci: « Serviteurs, soyez soumis à vos maîtres. » Sans religion, il n'y a plus en présence, dans le maître et le domestique, que deux hommes aux droits opposés, deux ennemis de race, dont l'un écrasera l'autre.

Soyons bonnes pour ceux qui nous servent;

montrons-leur de l'intérêt vrai; occupons-nous de leur famille; partageons leurs peines. Il y a parfois des contrastes étonnants dans une même femme: aimable, charitable, dévouée dans les œuvres qu'elle a entreprises, admirable et admirée au dehors, vous ne la reconnaîtriez plus dans son intérieur; dure et hautaine pour ses serviteurs, il semble que la charité soit un manteau, dont elle se pare à volonté et qu'elle quitte chez elle; ce n'est pas l'esprit qui anime ses actes, la vie même de son cœur.

Veillons au bien-être de ceux qui nous servent; la santé est la fortune du pauvre: donnons-leur une nourriture saine et abondante, avec quelques extras les jours de fête. Puisque les personnes riches, connaissant les plaisirs de l'esprit et jouissant à l'ordinaire d'une bonne table, ne sont pas insensibles à un excellent repas, à plus forte raison, les gens du peuple seront-ils sensibles à cette attention.

Veillons aussi aux logements de nos domestiques; dans plusieurs grandes villes, on les relègue au dernier étage de la maison : de là, difficulté de les surveiller et dangers pour leurs mœurs. Souvent, on les loge dans des alcôves sans air, ou dans des pièces insalubres : est-ce chrétien ? est-ce même humain ?[1]

Habituons nos enfants à parler avec politesse aux domestiques, et donnons-leur l'exemple de cette preuve de bonne éducation et d'esprit chrétien. Aux yeux de Dieu, nous sommes tous égaux, ne l'oublions pas, et enseignons cette vérité à ceux que nous devons élever.

Autrefois, on a connu le serviteur faisant partie de la famille ; y passant de longues années, s'attachant aux enfants, se dévouant à ses maîtres et voulant rester à leur service, même lorsque la ruine les avait frappés et leur avait ôté tout moyen de le rémunérer ; maintenant on ne parle plus que des domestiques au

1. A Paris, une ligue s'est formée pour essayer de remédier à l'insalubrité des logements des domestiques.

mois, étrangers dans la maison, exploitant leurs maîtres, éludant le travail et ayant pour leurs gages des prétentions toujours plus exagérées. Nous ne voulons pas chercher à qui incombent les responsabilités de ce changement, nous ne pouvons que le déplorer : c'est un abîme qui se creuse entre le peuple et nous.

En étudiant ce point de la question sociale, une réflexion nous a souvent saisie. Nous demandons beaucoup de dévouement à nos domestiques et nous ne les payons pas toujours de retour. Un exemple entre mille : une maladie contagieuse éclate-t-elle dans une famille, il nous semble tout naturel, alors que la frayeur éloigne des malades leurs proches eux-mêmes, que les serviteurs, des étrangers, restent à leur chevet et les soignent au péril de leur vie ; bien rares sont les domestiques qui abandonnent une maison infectée. Si, au contraire, ce sont eux qui sont frappés par la maladie, le plus souvent on les éloigne impitoyablement comme une cause de danger pour la famille où ils servent ;

ou, si la maladie n'est pas contagieuse, comme un embarras impossible à supporter. N'y a-t-il pas là pour nous, infériorité de dévouement, alors que notre fortune nous le rendrait plus facile ?

Avant de demander beaucoup au peuple, donnons-lui sans compter; semons à pleines mains les bienfaits et soyons sûres qu'il ne lèvera pas seulement de l'ivraie, mais une moisson de bon grain [1].

Hélas! nous voulons souvent récolter sans semer, ou récolter hâtivement après un effort sans suite suivi de défaillances et d'injustices. C'est notre vie entière qui doit être bonne et bienfaisante si nous désirons tracer un sillon durable et fécond dans l'âme populaire et y faire germer le bien.

---

1. C'est en vérité d'une abondante effusion de charité qu'il faut attendre le salut ; nous parlons de la charité chrétienne, qui résume tout l'Évangile et qui, toujours prête à se dévouer au soulagement du prochain, est un antidote très assuré contre l'arrogance du siècle et l'amour immodéré de soi-même.

(Léon XIII, *Encyclique Rerum novarum.*)

Il n'est pas de roc si dur, qui ne puisse être amolli; mais c'est une œuvre de longue haleine et de persévérante énergie[1].

1. Le dévouement n'est pas fait seulement de courage, il est fait aussi de persévérance. Le courage est donné à beaucoup ; mais cette patience inlassable qui ne se laisse dégoûter, ni par l'ingratitude, ni par l'injustice, ni par la calomnie et sans laquelle rien ne se fonde, rien ne dure, celle-là est réservée à ceux qui, ne combattant pas pour eux-mêmes, attendent d'autres récompenses que celles que donne la faveur populaire.

(M. Piou, Congrès de 1905.)

CONCLUSION

On disait des premiers chrétiens: Voyez comme ils s'aiment. Dans la charité fraternelle, ils puisaient la paix au milieu des épreuves et la force de supporter la persécution.

Cette parole pourra-t-elle être appliquée avec vérité aux chrétiens du vingtième siècle? En face des menaces de l'avenir, des rumeurs révolutionnaires, de la persécution religieuse officielle, sauront-ils s'unir, lutter la main dans la main? C'est notre vœu le plus cher en terminant notre appel à la fraternité chrétienne.

Aimons le peuple, malgré ses erreurs et ses fautes; allons à lui, en suivant le conseil du Père Lacordaire: « Gagnons nos frères à force de bienfaits et, puisque, de moment en moment, le froid augmente dans le monde, que de moment en moment, la chaleur augmente en nous, pour passer jusqu'à lui. »

Ce sera la vraie conquête du peuple, la réalisation du précepte divin, le salut du monde par l'accomplissement de la loi de justice et par la charité.

IMPRIMATUR :

Lyon, le 15 septembre 1906.

E. VINDRY,
vic. gén.

TABLE DES MATIÈRES

BIBLIOTHÈQUE NATIONALE
R.F.
IMPRIMÉS

IMP. DESCLÉE, DE BROUWER ET Cie, LILLE. — 1984.

ERRATA

Page 19, ligne 11, au lieu de Saint-Pierre Miquelon, *lire* Saint-Pierre de la Martinique.

Page 26, ligne 7, au lieu de sleklins-cars, *lire* sleeping cars.

BIBLIOTHÈQUE NATIONALE R.F. IMPRIMÉS

OUVRAGES DU MÊME AUTEUR

LES GRANDEURS DE LA MATERNITÉ CHRÉTIENNE, par une Mère.

Petit in-8° de 400 pages . . . . 3 fr. 50

LES GRANDEURS DE LA MATERNITÉ CHRÉTIENNE. Opuscule dédié aux mères de la classe ouvrière.

L'exemplaire . . . . 0 fr. 15

Le cent. . . . . 12 fr. 00

www.ingramcontent.com/pod-product-compliance
Ingram Content Group UK Ltd.
Pitfield, Milton Keynes, MK11 3LW, UK
UKHW012241240726
13966UKWH00003B/1216